BUSCADOR CAZADOR NAZARENO

Manual para Primero y Segundo Grado (Edades 6 y 7 años) del Programa Nazareno de Caravana

EQUIPO CREATIVO

Suzanne M. Cook, *Editor*
Kathy Lewis, *Editor*
Stephanie D. Harris, *Editor Asociado*
Beula J. Postlewait, *Editor Ejecutivo de Ministerio de Niños*
Lynda T. Boardman, *Director de Ministerio de Niños*
David W. Graves, *Editor jefe*
Blaine A. Smith, *Director de WordAction*
C. Hardy Weathers, *Publicista*
Yadira Morales, Traductora
Nixon Lima, *Maquetador*

Todas las anotaciones, a menos que se hayan indicado, fueron tomadas de la Santa Biblia, Nueva Versión Internacional (NVI). Derechos Reservados © 1973, 1978, 1984 por la Sociedad Bíblica Internacional. Usado con permiso de Casa de Publicaciones Zondervan. Todos los derechos reservados.

ARTE POR EQUIPO CREATIVO DE NPH

Caravan Searcher Hunter Student book
Copyright © 2004
Published by WordAction Publishing Company
A division of Nazarene Publishing House
Kansas City, Missouri 64109 USA

This edition published by arrangement with Nazarene Publishing House
Publicado por: Ministerios de Discipulado de la Región de Mesoamérica
www.discipulado.MesoamericaRegion.org
www.MieddRecursos.MesoamericaRegion.org
Copyright © 2019 - All rights reserved

No se permite la reproducción de este material si fines comerciales, únicamente para ser utilizado para discipulado en las iglesias.
ISBN: 978-1-63580-087-6

Todos los versículos de las Escrituras que se citan son de la Biblia NVI a menos que se indique lo contrario.

Impreso en EE.UU.

CONTENIDO

CARAVANA BUSCADOR CAZADOR — 3

YO CREO — 6

Insignias De Cazadores

Insignias Físicas
Deportes y Aptitud — 9
Cuidado Personal — 14
Seguridad — 21

Insignias Sociales
Familia — 25
Modales — 28
Amigos — 34

Insignias Mentales
Arte — 38
Mascotas — 43
Dinero — 48

Insignias Espirituales
Oración — 53
Nuestra Iglesia — 59
Mi Biblia — 67

Insignias al Aire Libre
Botánica. — 70
Aves — 75
Reciclaje — 79

ABC de SALVACIÓN — 84

Buscador Cazador

 Deportes y Aptitud
 Cuidado Personal
 Seguridad
 Familia
 Modales

 Amigos
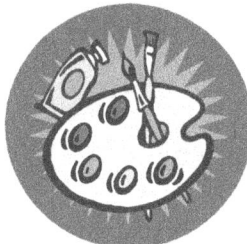 Artes
 Mascotas
 Dinero
 Oración

 Nuestra Iglesia
 Mi Biblia
 Botánica
 Aves
 Reciclaje

¡HOLA! Me llamo **Buscador,** y soy un sabueso. Me verás mucho durante tu año como Buscador Cazador. Primero, vamos a aprender la promesa del Buscador.

Un Buscador de Caravana es honesto y perdonador, servicial y bueno, cariñoso y leal, sincero y amable.

¡GENIAL! ahora vamos a tratar el lema del Buscador:

"Confía en el Señor con todo tu corazón y no te apoyes en tu propio entendimiento, en todos tus caminos, reconócelo, y él enderezará tus veredas" (Proverbios 3:5,6)

¡BUEN TRABAJO! ¡ahora vamos a empezar!

Soy un Buscador

Colorea la casilla correcta: Estoy en ☐ Primer Grado

☐ Segundo Grado

Mi nombre es: _____

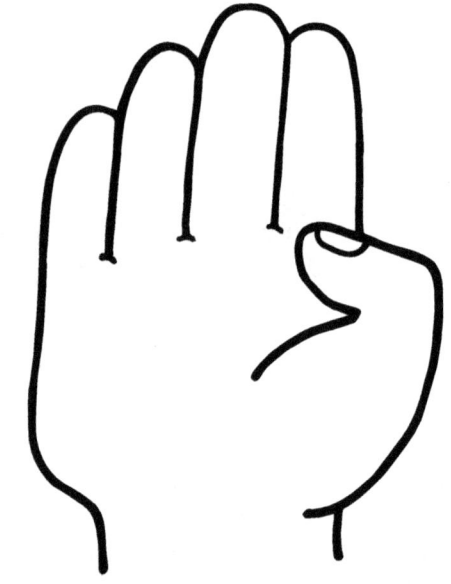

Muéstrale a tu guía que puedes hacer la señal de la Caravana.

Aquí está una foto mía

Significa: Pare! Escuche!

Complete el lema.
Busque Proverbios 3:5-6.

"Confía en el S_____ con todo tu c_____ y no te apoyes en tu propio e_____ en todos tus c_____ reconócelo, y él enderezará tus v_____" (Proverbios 3:5-6).

PROMESA DEL BUSCADOR

Escribe los números correctos en las líneas. El primero ya está respondido.

Un Buscador de Caravana es:____3____ y _____, _____ y _____, _____ y _____, _____ y _____.

1. Amable
2. Cariñoso
3. Honesto
4. Bueno
5. Perdonador
6. Leal
7. Sincero
8. Servicial

"Yo Creo" del Cazador

"Yo creo "son las preguntas y respuestas que dicen lo que la Iglesia Del Nazareno cree acerca de Dios, la Biblia, el pecado, la salvación, Jesús, la vida cristiana y la Iglesia.

Dios

Pregunta: ¿Quién es Dios? **Respuesta:** Dios es nuestro Padre Celestial.
Pregunta: ¿Hay más de un Dios? **Respuesta:** No, Solo hay un Dios.

Completar:
1. Dios es nuestro _____ Celestial.
2. Sólo hay _____ Dios.

La Biblia

Pregunta: ¿Qué es la Biblia? **Respuesta:** La Biblia es la Palabra de Dios.

Pregunta: ¿Qué nos enseña la Biblia? **Respuesta:** La Biblia nos enseña acerca de Dios.

Utiliza estas pistas para leer el código secreto:

B = Biblia   **P** = Palabra   ⊖ = Dios   ☺☺ = Nosotros

Pregunta: ¿Qué es la **B**? **Respuesta:** La **B** es la **P** de ⊖.

Pregunta: ¿Qué nos enseña la **B**? **Respuesta:** La **B** nos enseña acerca de ⊖ y su plan para ☺☺.

Pecado y Salvación

Pregunta: ¿Qué es el pecado? **Respuesta:** El pecado es la desobediencia a Dios.
Pregunta: ¿Quien ha pecado? **Respuesta:** Todos hemos pecado

Encierra en un círculo la respuesta correcta para cada pregunta.:

1. ¿Qué es el Pecado?

    Desobediencia a Dios

    Cometer un error

2. ¿Quiénes han pecado?

    Tú

    Yo

    Todos

Vida Cristiana

Pregunta: ¿Quién es un cristiano? **Respuesta:** Un cristiano es alguien que le pide a Jesús que perdone sus pecados y que ama y sigue a Jesús.

Pregunta: ¿Cómo llegamos a ser cristianos? **Respuesta:** Nos convertimos en un cristiano al confesar nuestros pecados y aceptar a Jesús como nuestro Salvador.

Use estas palabras para completarlos espacios en blanco en las siguientes afirmaciones:

- Acepta
- Pide
- Perdone
- Ama
- Confesar
- Sigue

Pregunta: ¿Quién es un cristiano?

Un cristiano es alguien que le _____ a Jesús que _____ sus pecados y que _____ y _____ a Jesús.

Pregunta: ¿Cómo llegamos a ser cristianos?

Nos convertimos en un cristiano al _____ nuestros pecados y _____ a Jesús como nuestro Salvador.

Jesús, Nuestro Salvador

Pregunta: ¿Quién es Jesús? **Respuesta:** Jesucristo es el Hijo de Dios nuestro Salvador.

Pregunta: ¿Por qué vino Jesús a la tierra? **Respuesta:** Jesucristo vino al mundo para salvarnos de nuestros pecados.

Si la declaración es verdadera, escribe una **V** en el espacio.
Si la declaración es falsa, escribe una **F** en el espacio.

¿Quién es Jesús?

___ Jesucristo es el Hijo de Dios.

___ Jesucristo es nuestro Salvador.

¿Por qué vino Jesús a la tierra?

___ Jesucristo vino al mundo para salvarnos de nuestros pecados.

___ Jesucristo vino al mundo para hacernos perfectos.

La Iglesia

Pregunta: ¿Qué es la iglesia?
Respuesta: La iglesia se compone de aquellos que aman a Jesús y se unen para adorar y servir a Dios.

Pregunta: ¿Cómo nos ayuda la Iglesia a vivir una vida cristiana?
Respuesta: La Iglesia nos guía y nos ayuda a vivir para Jesús.

Escribe las respuestas en una pizarra. Borra una palabra. Diga la respuesta. Continúa borrando una palabra a la vez hasta que pueda decir la respuesta sin ayuda.

DEPORTES Y APTITUD

"Mantente firme, con el cinturón de la verdad abrochado alrededor de tu cintura, con la coraza de la justicia en su lugar, y calzados los pies con el apresto del evangelio de la paz. Además de todo esto, toma el escudo de la fe con el que puedes apagar todos los dardos de fuego del maligno. Y toma el yelmo de la salvación y la espada del Espíritu, que es la palabra de Dios "(Efesios 6:14-17).

Está preparado para la batalla espiritual en todo momento

Instrucciones: Haz un dibujo de ti mismo con la ropa que usarías para hacer tus ejercicios físicos favoritos.

RUTINA DE EJERCICIOS

Estiramientos: Antes de hacer ejercicio, comienza calentando tus músculos.

Haz tres series de los siguientes estiramientos.

Deberás repetir estos ejercicios de estiramiento como enfriamiento después de los ejercicios.

EJERCICIOS

Haz tres series de los siguientes ejercicios.

ENFRIAMIENTO

Repite los movimientos de estiramiento.

Pon una estrella de oro en cada caja al completar las actividades.

Ejercicio	Sesión 1	Sesión 2
CALENTAMIENTO		
EJERCICIOS		
ENFRIAMIENTO		

NOMBRA LAS PELOTAS

Traza las palabras. Luego dibuja una línea para unir cada palabra a las pelotas nombradas.

Beisbol

Basquetbol

Rugby

Fútbol

DEPORTES DIVERTIDOS

Instrucciones: Usa las pistas para completar el rompecabezas. Selecciona palabras de la lista de palabras de abajo.

Atravesados
2. Ruedas en mis pies
5. Vehículo de dos ruedas

Hacia abajo
1. ¡Batear para arriba!
3. ¡Touchdown!
4. ¡Gol!

Fútbol, Patinaje, Bicicleta, Rugby, Baseball

Escudo   Palabra
Yelmo   Pies
Cinturón Espada

"Mantente firme, con el _____ de la verdad abrochado alrededor de tu cintura, con la coraza de la justicia en su lugar, y calzados los _____ con el apresto del evangelio de la paz. Además de todo esto, toma el _____ de la fe con el que puedes apagar todos los dardos de fuego del maligno. Y toma el _____ de la salvación y la _____ del Espíritu, que es la _____ de Dios"

(Efesios 6:14-17).

Cuidado Personal

"¿O no saben que su cuerpo es templo del Espíritu Santo, el cual está en ustedes y han recibido de Dios? Ustedes no son sus propios dueños; fueron comprados por un precio. Por lo tanto, honren a Dios con su cuerpo" (1 Corintios 6:19-20)

Dios hizo tu cuerpo. Estás creciendo y puedes honrar a Dios aprendiendo a cuidar de tu cuerpo.

¿Cuál es tu _____ favorito?

Cereal:_____

Fruta:_____

Verduras:_____

Carne:_____

Productos lácteos:_____

Lácteos

Panes y Cereales

Vegetales y frutas

Carnes Proteínas

¡EL DESAYUNO ES IMPORTANTE!

Instrucciones: Usa crayones para dibujar y colorear tu desayuno saludable favorito.

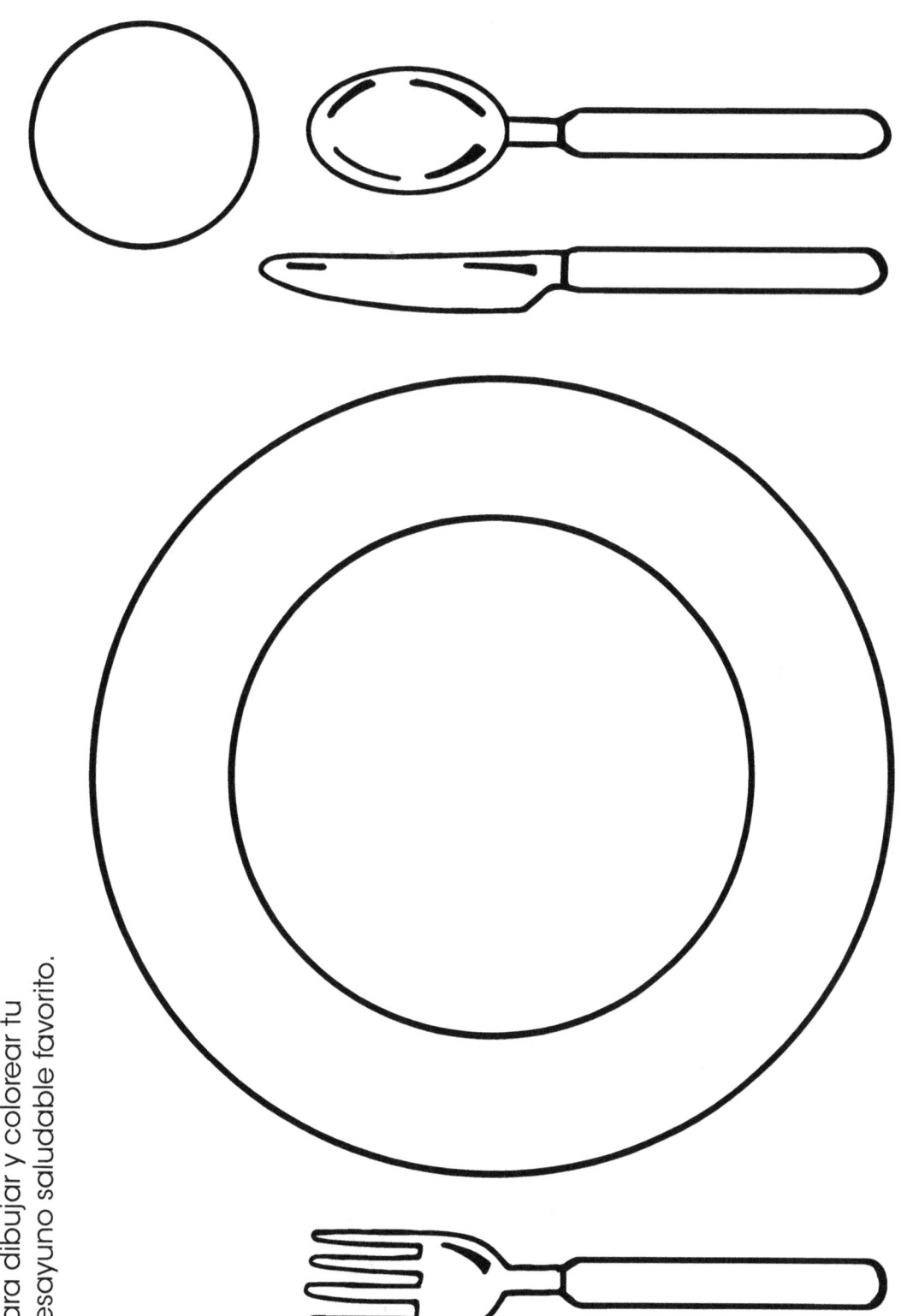

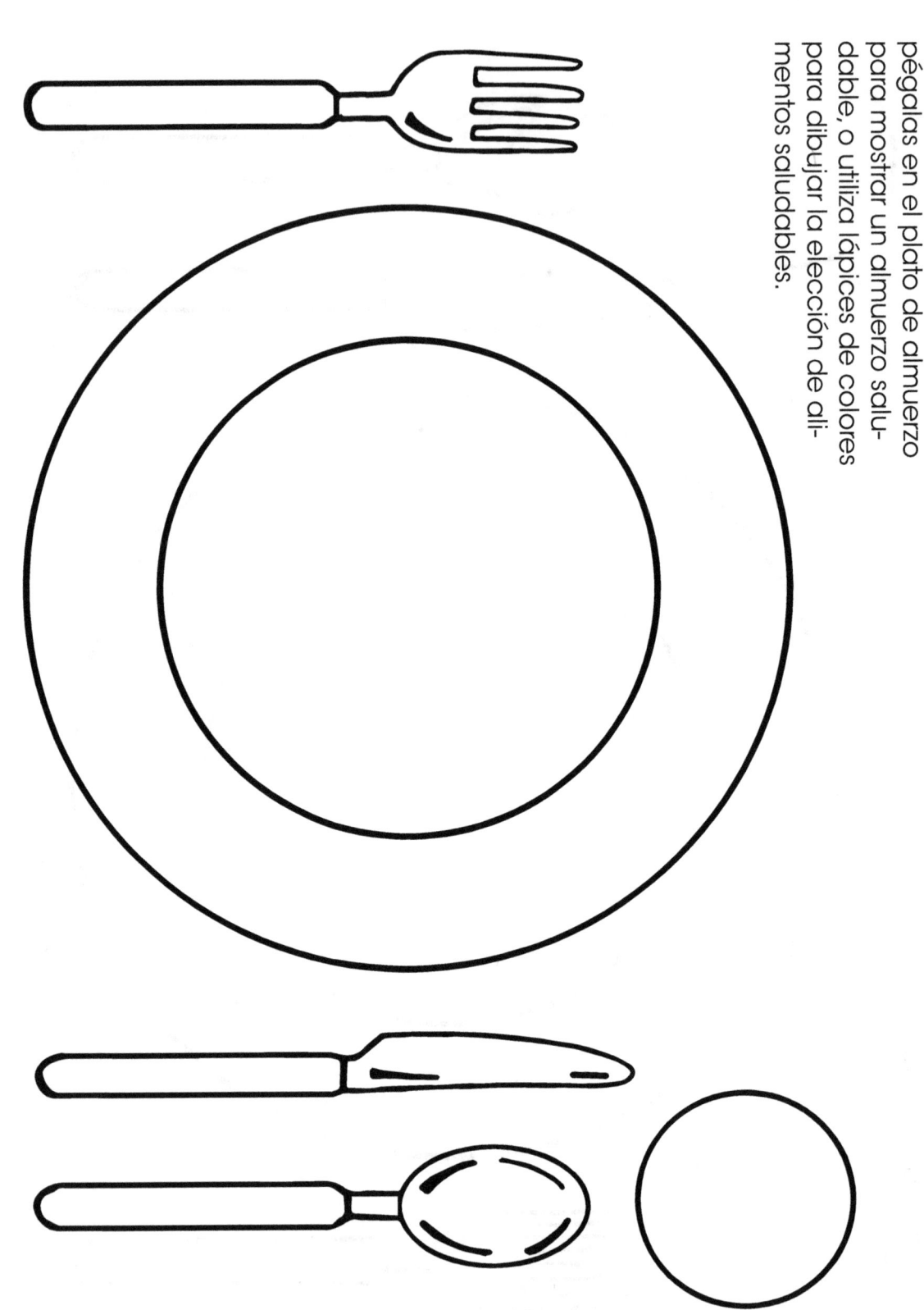

CENA

Instrucciones: Recorta fotos y pégalas en el plato de cena para mostrar una cena saludable, o utiliza lápices de colores para dibujar la elección de alimentos saludables.

¿Por qué comer comida saludable honra a Dios?

Nos ensuciamos cuando trabajamos y jugamos.
Así que toma un baño o una ducha todos los días!

BAÑARSE

¿Por qué el mantener tu cuerpo limpio honra a Dios?

DORMIR

Colorea tu lugar en la rueda del sueño.

¿Por qué dormir lo suficiente honra a Dios?

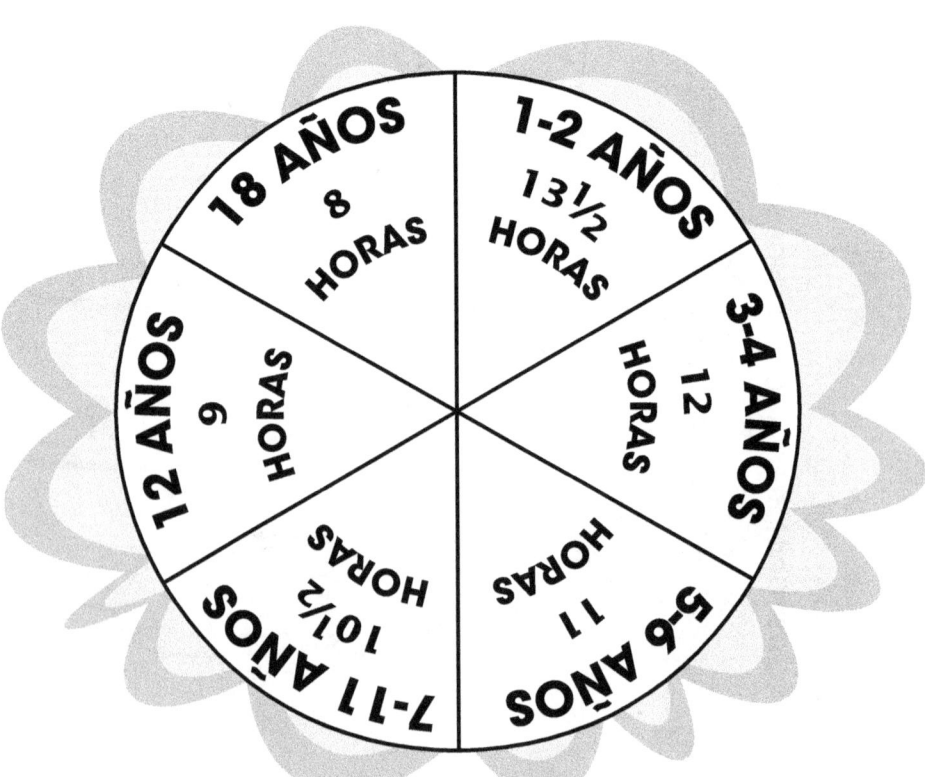

APRENDE A LAVARTE EL CABELLO

1. Peina tu cabello.
2. Moja tu cabello.
3. Agrega champú y frota hasta hacer espuma.
4. Enjuaga la espuma.
5. Seca el cabello con una toalla.
6. Peina tu cabello.

Instrucciones:
Ordena las imágenes colocando los números correctos en cada cuadro. El primero está hecho para ti.

APRENDE COMO CEPILLARTE LOS DIENTES

Dientes superiores por fuera. Cepilla hacia abajo y a los lados.

Dientes superiores por dentro. Cepilla hacia abajo.

Dientes interiores por fuera. Cepilla hacia arriba y a los lados.

Dientes inferiores por dentro Cepilla hacia arriba y de un lado a otro.

Superficie de mordida de los dientes. Cepilla para eliminar la suciedad y los gérmenes.

La Lengua. Cepilla.

BONIFICACIÓN: aprende sobre personas sin hogar en tu comunidad o alrededor de ésta. Luego arma kits de "cuidado" para personas sin hogar. En bolsas de plástico con cierre, coloca uno de los siguientes artículos, o todos: peines, cepillos de dientes, pasta de dientes, hilo dental, jabón, paquetes de tejidos de bolsillo, perfume, desodorante, alfileres, crema corporal, hilo y aguja. Luego ayuda a otros a entregar los kits a un hogar de refugio.

Seguridad

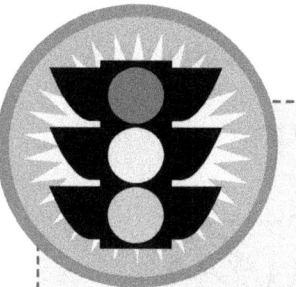

"Dios es nuestro refugio y fortaleza, nuestro pronto auxilio en la tribulación."
(Salmos 46:1).

Dios cuida de ti y quiere que estés a salvo.

SEGURIDAD ELÉCTRICA

La electricidad es buena. Debes tener cuidado, ya que la electricidad puede hacerte daño. Mira estas fotos. Discute con tu grupo Buscador cuál imagen es insegura.

SEGURIDAD EN EL FUEGO

El fuego es peligroso. Recuerda estos tres Nunca:

1. Nunca juegues con fósforos.
2. Nunca te acerques demasiado al fuego.
3. Nunca juegues con fuego.

Si tu ropa se incendia,

Practica cada paso con tu profesor, y pon una estrella en la línea después de hacer cada uno.

Detente _____   Déjate caer _____   Rueda _____

VENENO

Marca con una X las cosas que te harían daño.

¡JUEGA SEGURO!

Colorea los dibujos de los lugares seguros para esconderte cuando juegas a Ocultar y Buscar.

PELIGRO CON EXTRAÑOS

¿Qué deben hacer estos niños?

Detenerse _____

o Continuar _____

¿¿A quién debería pedir ayuda ésta niña?

Empleado de almacén   Mujer con un niño

si _____ no _____   si _____ no _____

Hombre solo   Mujer sola

si _____ no _____   si _____ no _____

Hey, puedes ayudarme a buscar a mi perro perdido?

¿Qué debe hacer este niño?

Detenerse _____

o Continuar _____

SALMOS 46:1

"Dios es nuestro __ __ __ __ __ __ __ y __ __ __ __ __ __ __ __ __, nuestro
             1 13 17 1 19 16   6 16 19 21 1 12 5 27 1

pronto __ __ __ __ __ __ __ en la __ __ __ __ __ __ __ __ __ __ __" (Salmos 46:1)
        1 22 25 9 12 9 16   21 19 9 2 22 12 1 3 9 16 14

Consulte el siguiente código para completar el versículo bíblico.

A	B	C	D	E	F	G	H	I	J	K	L	M	N
1	2	3	4	5	6	7	8	9	10	11	12	13	14

Ñ	O	P	Q	R	S	T	U	V	W	X	Y	Z
15	16	17	18	19	20	21	22	23	24	25	26	27

BONIFICACIÓN

Haz señales de tráfico y decora la habitación con ellas. Analiza lo que quieren decir con tu guía. Juega a luz roja, luz verde.

Luego, haz señales de tráfico de papel de construcción usando papel de construcción negro, verde, rojo y amarillo. Inventa un poema original sobre lo que significan los colores de un semáforo.

Familia

"A todos los que le recibieron, a los que creyeron en su nombre, les dio potestad de ser hechos hijos de Dios."
(Juan 1:12)

Dios planeó las familias, y podemos ser parte de la familia de Dios.

Encierra en un círculo las cosas que Dios quiere que las familias hagan.

- Compartir
- Perdonar
- Amar
- Honrar a Dios
- Ayudar
- Ser amables
- Mostrar respeto

Dibuja a tu familia

¿Cómo es tu familia, con respecto a las familias de tus amigos?
¿Cuán diferente es tu familia?

TÚ PUEDES AYUDAR A TU FAMILIA

Colorea las cosas que puedes hacer.

LA FAMILIA DE DIOS

¿Cómo me convierto en miembro de la familia de Dios?

dmite que has pecado (hecho mal, desobedecido a Dios).

Dile a Dios lo que has hecho, arrepiéntete por ello, y estate dispuesto a dejarlo.

Romanos 3:23-"Por cuanto todos pecaron, y están destituidos de la gloria de Dios." 1 Juan 1:9-"Si confesamos nuestros pecados, él es fiel y justo para perdonar nuestros pecados, y limpiarnos de toda maldad."

usca de Dios

Proclama a Jesús como tu Salvador. Di lo que Dios ha hecho por ti. Ama a Dios y sigue a Jesús.

Juan 1:12-"A todos los que le recibieron, a los que creen en su nombre, les dio potestad de ser hechos hijos de Dios." Romanos 10:13-"Todo el que invoque el nombre del Señor, será salvo."

ree que Dios te ama y envió a su Hijo, Jesús, para salvarte de tus pecados.

Pide y recibe el perdón que Dios te está ofreciendo.

Juan 3:16- "Dios amó tanto al mundo que dio a su Hijo unigénito, para que todo aquel que en él cree no se pierda, mas tenga vida eterna."

¿Por qué no oras ahora mismo?

Reconozco que he pecado y me arrepiento de lo que he hecho. Por favor, perdóname. Creo que Jesús murió por mí.
Lo acepto como mi Salvador.
Ayúdame a obedecerte todos los días.
Gracias por perdonarme y hacerme tu hijo.

-Amén

Dios ama a _____

(Escribe tu nombre)

Modales

"Traten a los demás como quieren que ellos los traten a ustedes."
(Lucas 6:31).

Siempre trata a las personas como quieres ser tratado.

¿**CUÁNDO** debes tener buenos modales?

Colorea la respuesta correcta

| ALGUNAS VECES | SIEMPRE | NUNCA |

¿**CUÁNDO** debes usar los buenos modales?

Circula todos los lugares donde se aplican

IGLESIA

HOGAR

ESCUELA

PARQUE INFANTIL

TIENDAS

Aprende la rima de los buenos modales:

Algunas palabras hieren, algunas palabras son bellas.

Al hablar con otros, ten en cuenta las buenas:

"Disculpa", "Perdóname" y "De nada" son palabras buenas.

Sin embargo, "Por favor" y "Gracias" son las que mas lindo suenan!

YO VEO MALOS MODALES EN LA MESA

Encierra en un círculo los niños que muestran malos modales en la mesa. Discute los buenos y malos modales en la mesa con tu grupo Buscador.

¿Verdadero o Falso?

___ Nunca le digas a un extraño que estás solo en casa.

___ Está bien jugar con el teléfono aunque nadie más lo esté utilizando.

___ Nunca gritar en el teléfono. Nunca mover el auricular.

___ Al responder al teléfono, sólo tienes que ser amable con la gente que no conoces.

MODALES AL TELÉFONO

Mi número telefónico es:

Practica los buenos modales al teléfono con tu grupo Buscador.

OLFATEANDO LOS MALOS MODALES

Instrucciones: Ayuda a los Buscadores a encontrar el camino a través del laberinto de buenos modales. Cuando se trate de un ejemplo de malos modales, tendrás que dar la vuelta y buscar otro camino para atravesar.

Podemos tener buenos modales cuando jugamos con nuestros amigos. Colorea ésta página

LA REGLA DE ORO

Encuentra el mensaje escondido.

1. Tacha todas las **Z**
2. Tacha todas las **Y**
3. Tacha todas las **X**
4. Tacha todas las **V**
5. Tacha todas las **F**
6. Tacha todas las **W**
7. Tacha todas las **H**

Z	S	E	Y	Y	C	O	N	X	V
F	L	O	S	W	D	E	M	A	S
C	O	M	O	H	W	F	V	X	Y
H	Q	U	I	E	R	E	S	Z	X
Y	H	Q	U	E	W	S	E	A	N
Z	Y	X	V	F	W	H	Z	Y	W
X	C	O	N	T	I	G	O	F	F

BONIFICACIÓN

Piensa en alguien que haya sido amable contigo. Usa papel de construcción para hacer una tarjeta de agradecimiento a esa persona.

Amigos

"Un amigo ama en todo tiempo"
(Proverbios 17:17 a).

Un amigo es una persona con la que...

- Tienes cosas similares.
- Hablas con él.
- Juegas con él.

Un amigo es una persona que te gusta.

Uno de mis amigos es:
_____
_____
_____

Haz un dibujo de algo que te gustaría hacer con tu amigo

UN AMIGO ES UNA PERSONA ESPECIAL

Hablen de las fotos. Coloreen las fotos que muestran cómo ser un amigo

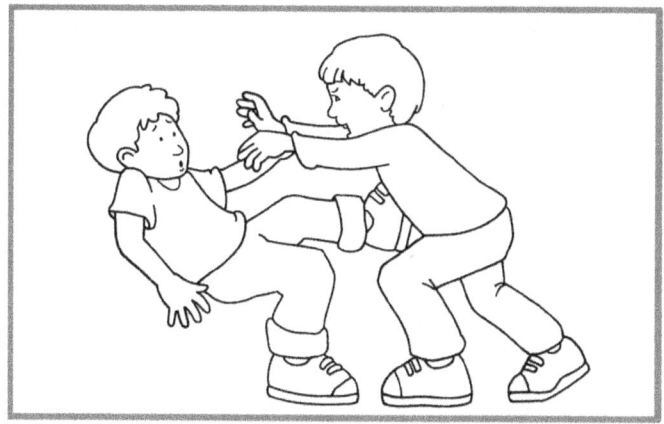

Derribando a alguien.

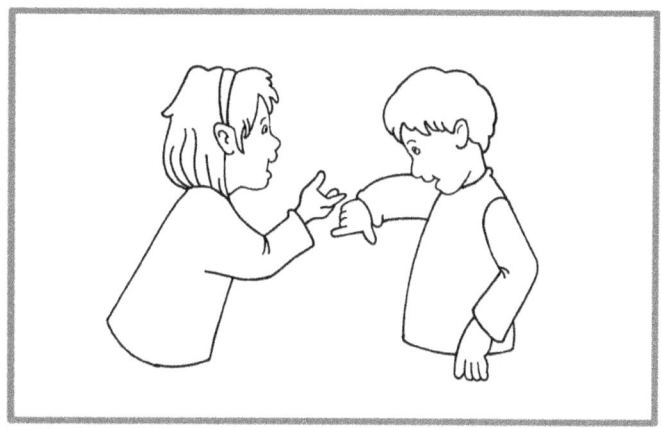

Hablando juntos.

Insultando a una persona.

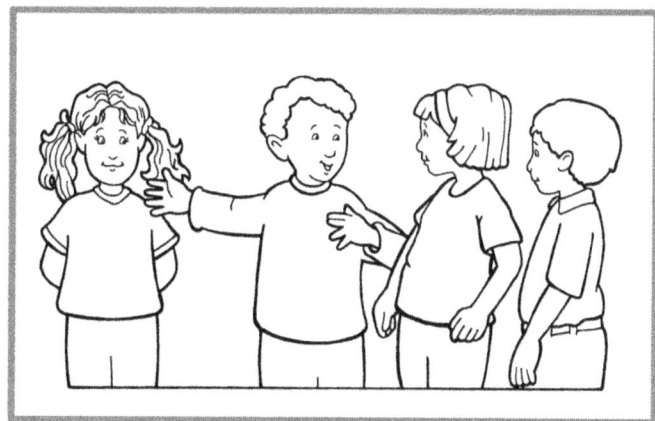

Presentando a alguien a su grupo del Buscador.

Jugando sólo cuando tú quieres jugar.

Compartiendo.

Cómo tratar un amigo:

1. Trata a tu amigo de la manera en que tú quieres ser tratado.
2. Comparte cosas con tu amigo.
3. Ayuda a tu amigo.
4. Habla y juega con tu amigo.

¿CÓMO AYUDO A MIS AMIGOS A CONOCER ACERCA DE Jesús?

★ Coloca una estrella dentro de cada cuadro que muestra una forma en que tú estás dispuesto a compartir a Jesús con tus amigos.

Orar por mi amigo.

Compartir la Biblia.

Puedo invitar a mi amigo

a la Caravana

¿Quién es un Amigo que se más unido que un hermano?

Descifra: **S E J S Ú**

___ ___ ___ ___ ___

Colorea todos los 1 de café claro. Colorea todos los 2 de azul.
Colorea todos los 3 de café oscuro. Colorea todos los 4 de amarillo.

BONIFICACIÓN:

Trabaja en equipo para crear un "Árbol de Amistad." Tu guía puede encontrar instrucciones en el Apéndice 7 del libro del Guía del Buscador.

Artes

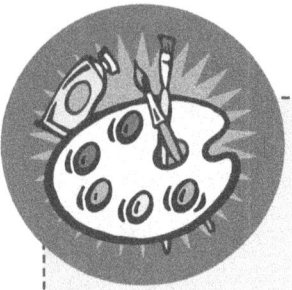

"Yo (Dios) he colocado mi arcoíris en las nubes, el cual servirá de señal de mi pacto con la tierra."
(Génesis 9:13)

El arte es una forma en la que podemos celebrar la belleza de la creación de Dios.

La creación de Dios muestra muchos colores. Agradece a Dios por los bellos colores.
Colorea esta página.

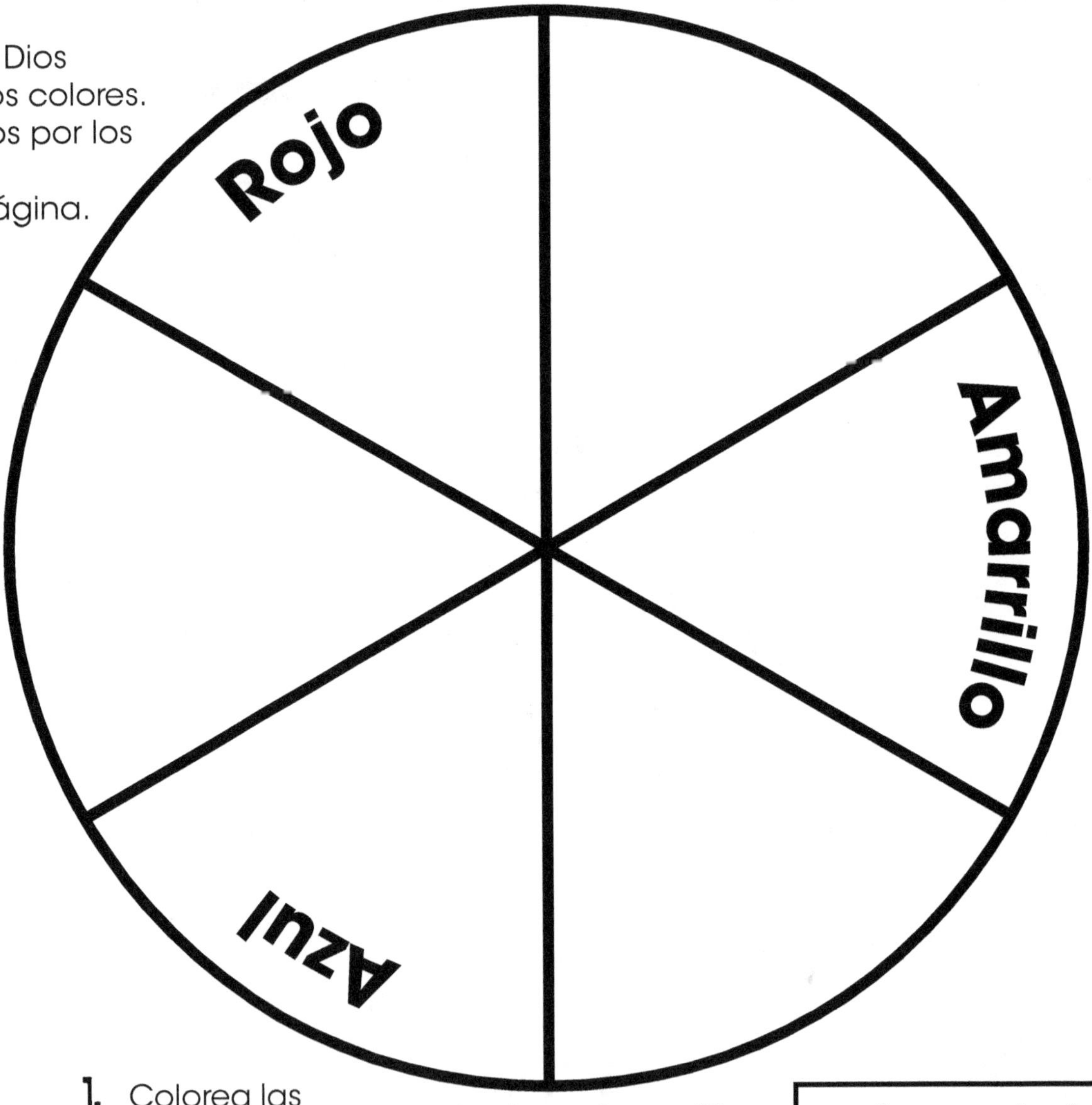

Rojo

Amarillo

Azul

1. Colorea las secciones azul, amarilla y roja.
2. Colorea los rectángulos.
3. Colorea el resto de las secciones con los colores de estos rectángulos.

Rojo + Amarillo = Anaranjado

Azul + Amarillo = Verde

Azul + Rojo = Violeta

Crea una obra maestra usando cada forma en la caja de figuras solo una vez. Luego, colorea tu obra maestra.

MIRA Y DIBUJA A BUSCADOR

Usa un lápiz para conectar los puntos. Empieza en 1 y termina en 28. En papel separado, usa un lápiz y dibuja a Buscador.

"Yo (Dios) he colocado mi arcoíris en las nubes, el cual servirá de señal de mi pacto con la tierra". (Génesis 9:13)

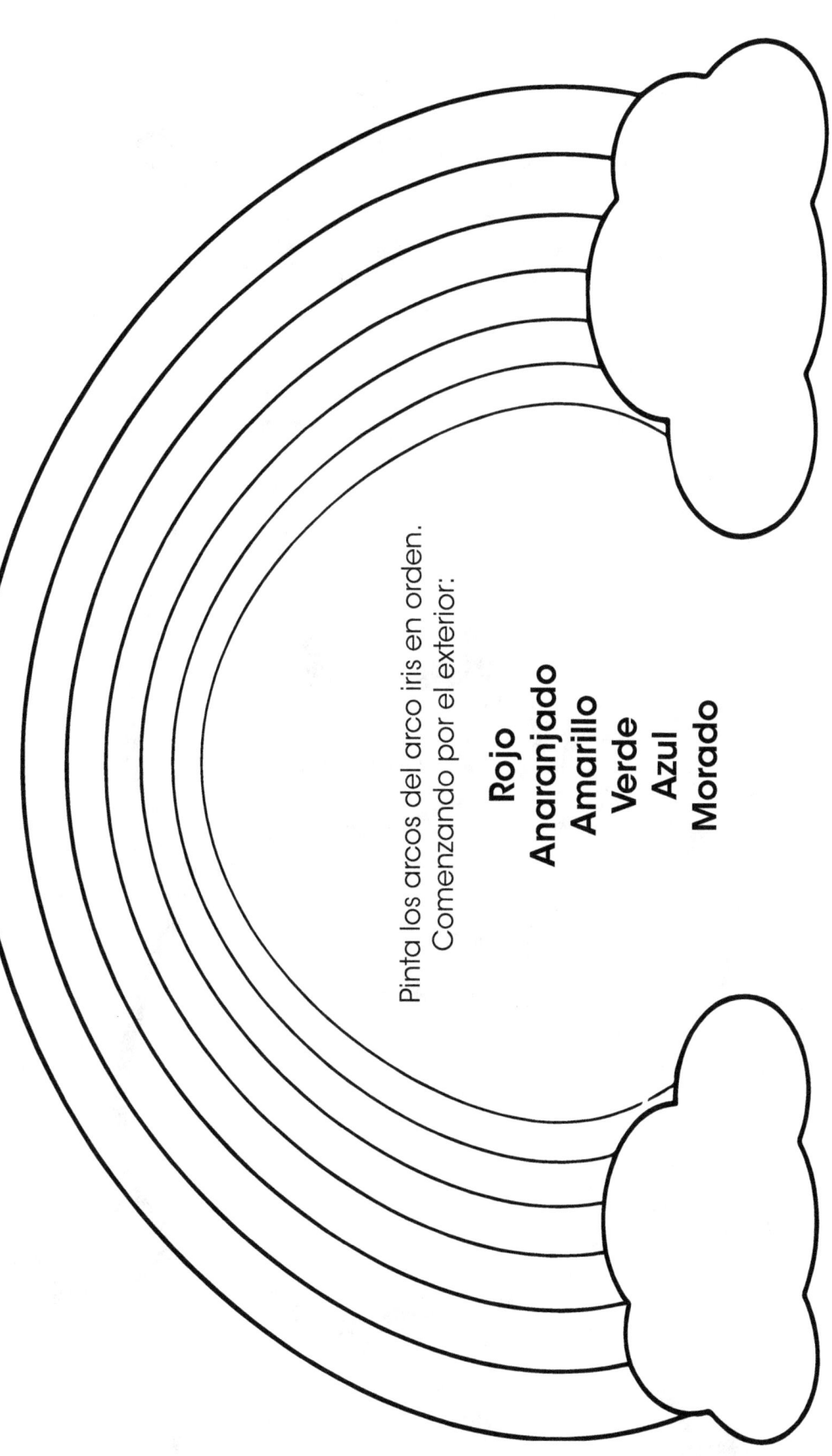

Pinta los arcos del arco iris en orden. Comenzando por el exterior:

Rojo
Anaranjado
Amarillo
Verde
Azul
Morado

Usa Papel de Contacto claro y fajos de papel de seda colorido para hacer un mantelito individual de arco iris. Para cada mantelito individual, coloca un pedazo de papel de contacto de "12x18" boca arriba, y fija el fajo de papel de seda para hacer los arcos de un arco iris. Cubre el papel de seda con un segundo pedazo de papel de contacto de "12x18" y sella los bordes

La creación de Dios muestra muchos colores.
Agradece a Dios por los bellos colores.
Colorea esta página.

Mascotas

"El justo atiende a las necesidades de su bestia,
pero el malvado es de mala entraña".
Proverbios 12:10

Dios creó a los animales. Una mascota es un animal del que tú te encargas.
Dios quiere que nosotros cuidemos de nuestras mascotas.

Dibuja y colorea un cuadro de tu mascota o de una mascota que a ti te gustaría tener.

HÁBITAT DE LOS ANIMALES

Dibuja una línea desde cada animal hacia su casa. Colorea las representaciones.

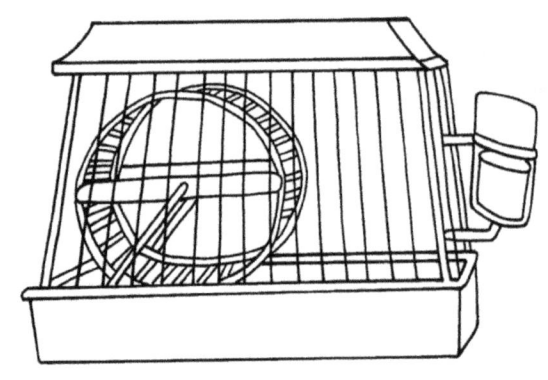

CUIDADO DE MASCOTAS

Imagina que Buscador es tu perro. Colorea la respuesta correcta para las siguientes preguntas

¿Con qué deberías alimentar a Buscador?

¿Cómo puedes ejercitar a Buscador?

¿Cómo asearías a Buscador?

 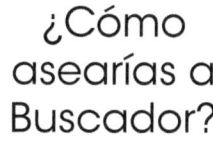

¿A quién llamarías si Buscador se enferma?

YO ESPÍO MASCOTAS

¿Cuáles de estos animales son apropiados para donde vives?
Circula esos animales. Dibuja la imagen

BONIFICACIÓN: Ten un espectáculo de mascotas. Planifica para que tus padres traigan a las mascotas para, "mostrar y charlar", luego lleva a los animales a casa antes de que continúes tus actividades de la Caravana.
Alternativa: Trae retratos de tus mascotas. Comparte los retratos en la clase, luego crea una proyección de un boletín de mascotas en el pizarrón.

Las mascotas necesitan nuestro amor y cuidado.
Dale a Dios las gracias por las mascotas.
Colorea esta página.

Dinero

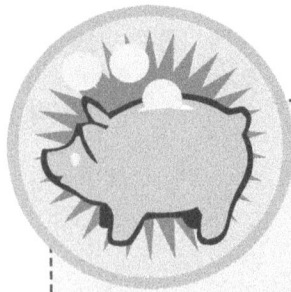

Cada uno debe dar según lo que haya decidido en su corazón, no de mala gana, ni por obligación, porque Dios ama al que da con alegría.

2 Corintios 9:7

¿CUÁNTO VALE?

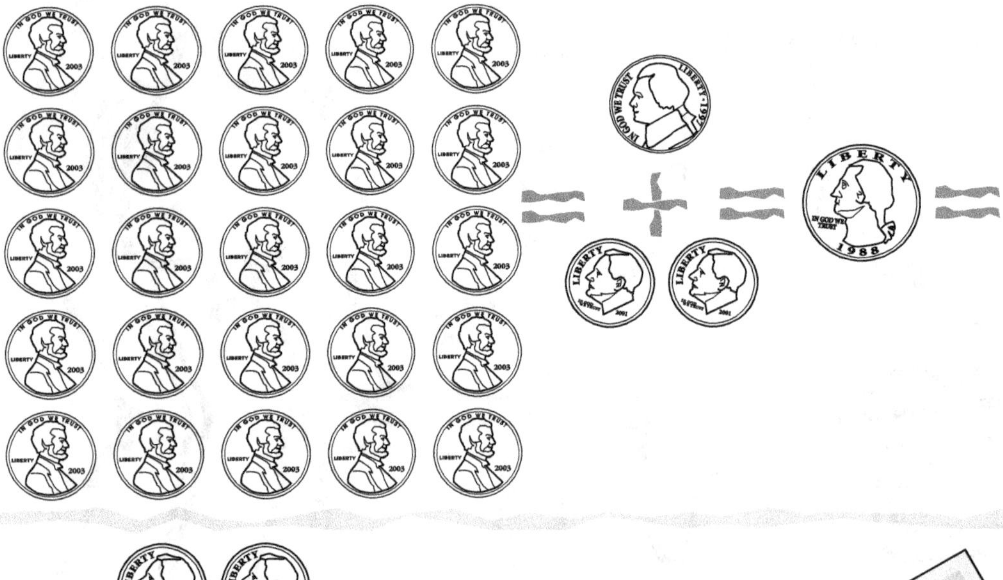

5 pennies = 1 nickel = $.____

10 pennies = 1 nickel + 1 dime = $.____

25 pennies = 1 nickel + 2 dimes = 1 quarter = $.____

dimes + quarters = 1 dollar = $ _____

Las personas usan el dinero para comprar lo que quieren y necesitan. Dios nos pide que devolvamos una porción de nuestro dinero.

¿TENEMOS UN DÓLAR?

Agrega las monedas en cada grupo. Si totalizan un dólar, colorea la alcancía.

2 cuartos de dólar = $ 0.50
4 monedas de diez centavos = $ 0.40
2 monedas de cinco centavos = $ 0.10

1 cuarto de dólar = $ 0.25
5 monedas de diez centavos = $ 0.50
4 monedas de cinco centavos = $ 0.20
5 monedas de un centavo = $ 0.05

Haz tu propio grupo de monedas para acumular $1.00

LA PORCIÓN DE DIOS

Dios nos pide hasta el 10 por ciento. Eso quiere decir devolver 1 de cada 10.
Dentro de cada una de las combinaciones a continuación, colorea tu diezmo.

1.

¿Cuánto debes dejar?

2.

¿Cuánto debes dejar?

3.

¿Cuánto debes dejar?

_____

Dibuja cuánto dinero obtienes cada semana. Colorea tu diezmo.
¿Cuánto debes dejar?

Lee Marcos 12:41-43. Discute por qué Jesús dijo que la ofrenda de la viuda era más valiosa que la que los ricos estaban poniendo.

BONIFICACIÓN: Trabaja con tu guía para establecer una tienda donde puedas practicar el pagar con dinero. Usa los patrones de dinero del libro de tu guía (Apéndice 8) para hacer papel de moneda. Acuérdate de pagar una décima parte de lo qué siempre tu guía te dé. Luego usa el resto para adquirir artículos del centro comercial que tu guía haya puesto en la tienda.

Dios quiere que usemos nuestro dinero sabiamente.
Dale a Dios las gracias por todo lo que Él te ha dado.
Colorea esta página.

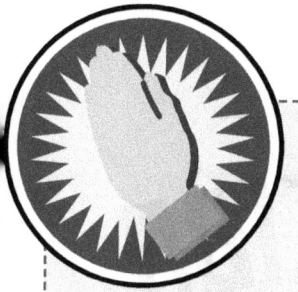

Oración

"A ti clamo, oh Dios, porque tú me respondes; inclina a mi tu oído, y escucha mi oración."
(Salmos 17:6)

Puedo orar en cualquier parte, en cualquier momento, y acerca de cualquier cosa.

Puedo orar cuando...

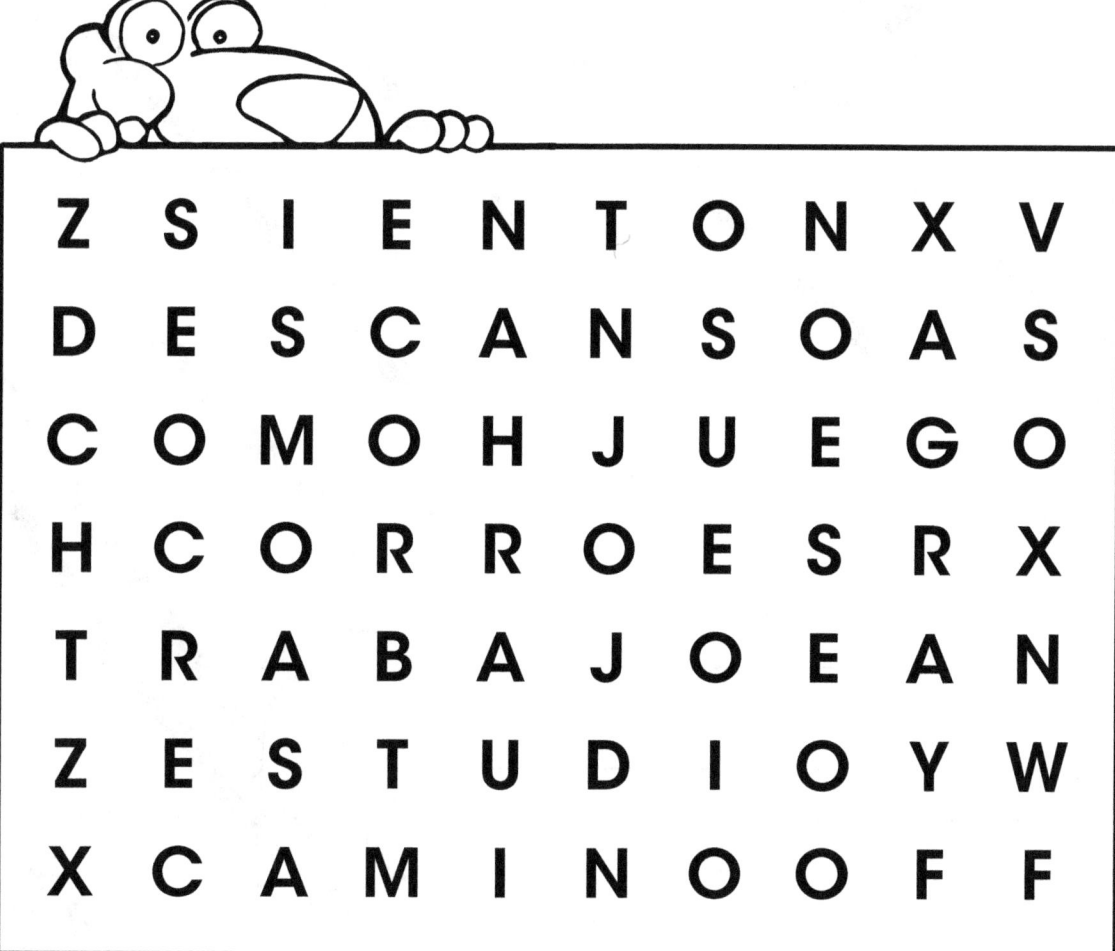

| COMO | TRABAJO | SIENTO | ESTUDIO |
| DESCANSO | JUEGO | CORRO | CAMINO |

EL PADRE NUESTRO

Mateo 6:9-13

_ _ _ _ _ _ nuestro que estás en el cielo,

santificado sea tu nombre,

Venga tu _ _ _ _ _ _, hágase tu voluntad

en la _ _ _ _ _ _ como en el cielo.

_ _ _ _ _ hoy nuestro pan de cada día.

Perdónanos nuestras _ _ _ _ _ _ _ _,

así como _ _ _ _ _ _ _ _ _ perdonamos

a nuestros deudores.

No nos dejes caer en _ _ _ _ _ _ _ _ _ _,

sino líbranos de todo _ _ _.

Amén.

Padre   Danos
Reino   Nosotros
Tierra   Tentación
Deudas   Mal

¿CÓMO ORO?

J esús
Alaba y honra a Dios. Agradécele por el regalo de Su Hijo, Jesús.

O tros
Ora por las necesidades de otros.

T ú mismo
Ora para que Dios guíe tu vida. Pídele a Él que te ayude e hacer las elecciones correctas.

LOS CINCO DEDOS DE LA ORACIÓN

Cuando doblo mis manos para orar,
Mi pulgar está más cercano a mí.
Esto me recuerda que debería orar
por mis amigos y mi familia.

Y luego mi dedo índice,
quien me apunta que debo orar
por todos los adultos buenos y sabios
Que me señalan el camino correcto.

Luego está mi dedo del medio,
el cual me ayuda a que no se me olvide
orar por aquellos que nos guían,
como los alcaldes y presidentes.

Mi dedo anular, el más débil,
me ayuda a saber orar por
toda la gente que está enferma
En todo el mundo hoy.

Por último, aquí está el pequeño.
Este me representa.
Le pido que Dios que guie mi vida
Y se mantenga velando por mí.

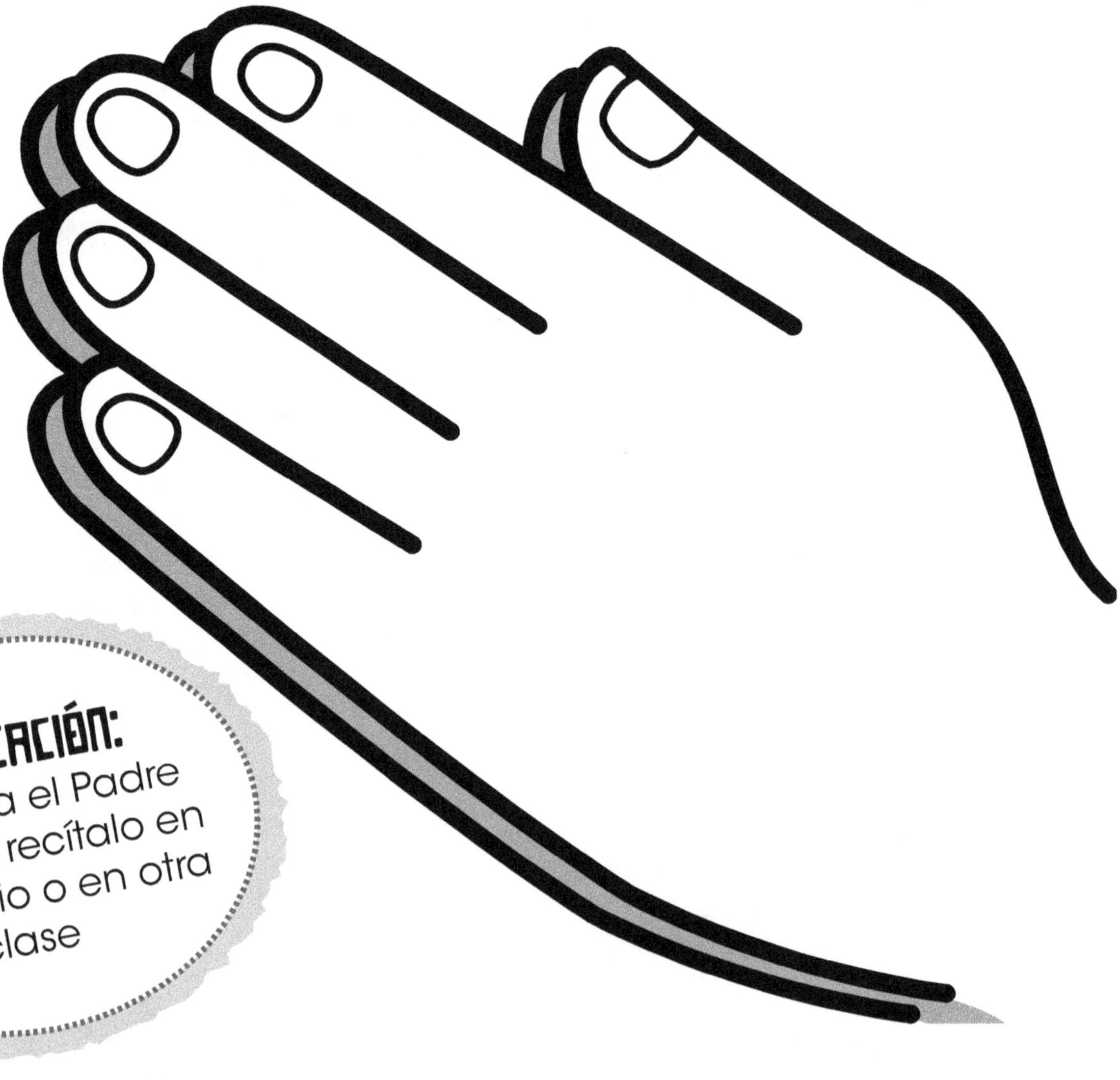

BONIFICACIÓN: Memoriza el Padre Nuestro y recítalo en un servicio o en otra clase

Nuestra Iglesia

" Yo me alegro cuando me dicen: vamos a la Casa del Señor.
(Salmos 122:1)

La iglesia es un grupo de personas que adoran juntos a Dios.
Soy parte de mi iglesia.

Dibuja y colorea una imagen de tu iglesia

LOS "YO CREO" DE LA IGLESIA

P: ¿Qué es la iglesia?

R: La iglesia está hecha de aquellos que aman a Jesús y se unen para adorar y servir a Dios.

P: ¿Cómo nos ayuda la iglesia a vivir una vida de cristiano?

R: La iglesia nos guía y nos ayuda a vivir para Jesús

PASEO POR LA IGLESIA

Da un paseo a través de tu iglesia. Haz un círculo alrededor de cada artículo que tú veas en tu iglesia. Cuando regreses a tu aula, colorea los artículos que circulaste.

¿QUÉ PUEDO HACER EN MI IGLESIA?

Colorea las ilustraciones de las cosas que puedes hacer.

¿CÓMO DEBERÍA PORTARME EN LA IGLESIA?

Circula a aquellos que están teniendo un mal comportamiento.

BONIFICACIÓN: Visita a tu pastor para enterarte de un proyecto de servicio que ayudará a tu iglesia o a sus integrantes. Luego trabaja con tu guía para completar uno de los proyectos que tu pastor sugiere

mi Biblia

"Tu Palabra es una lámpara para mis pies;
una luz a mi sendero."
(Salmos 119:105)

La Biblia es la Palabra de Dios. Nos cuenta sobre Dios
y, cómo Él quiere que nosotros vivamos.

$$\begin{array}{r} 39 \\ +27 \\ \hline 66 \end{array}$$

39 Libros del Antiguo Testamento

27 Libros del Nuevo Testamento

66 Libros de la Biblia

El primer libro del Antiguo Testamento es:

El primer libro del Nuevo Testamento es:

¿Cómo encontrar una referencia bíblica

Revisa con tu guía cómo encontrar una referencia bíblica. Luego usa tu Biblia para buscar el Salmo 119:105. Completa el versículo de abajo.

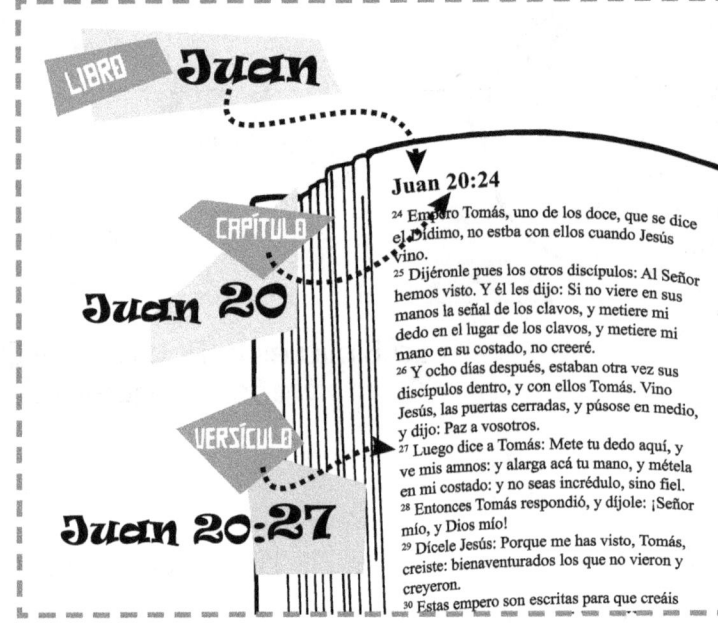

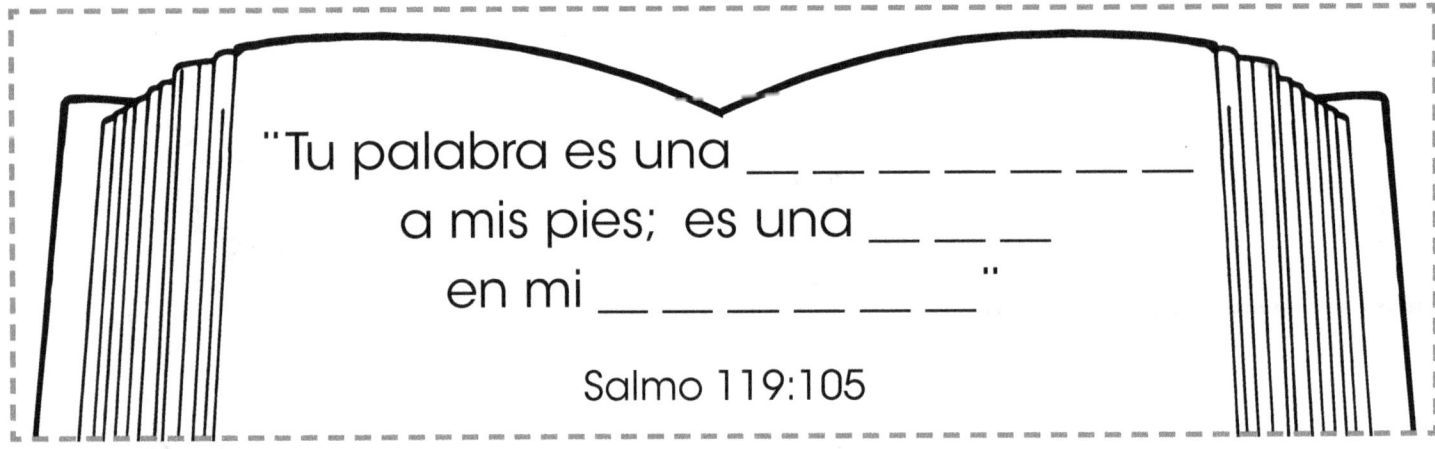

"Tu palabra es una __ __ __ __ __ __ __ a mis pies; es una __ __ __ en mi __ __ __ __ __ __"

Salmo 119:105

¡BÚSCALO!

Busca el Salmo 122:1. Léelo junto a tu Grupo Buscador. Luego, colorea los espacios que tienen una X, lee el versículo que queda.

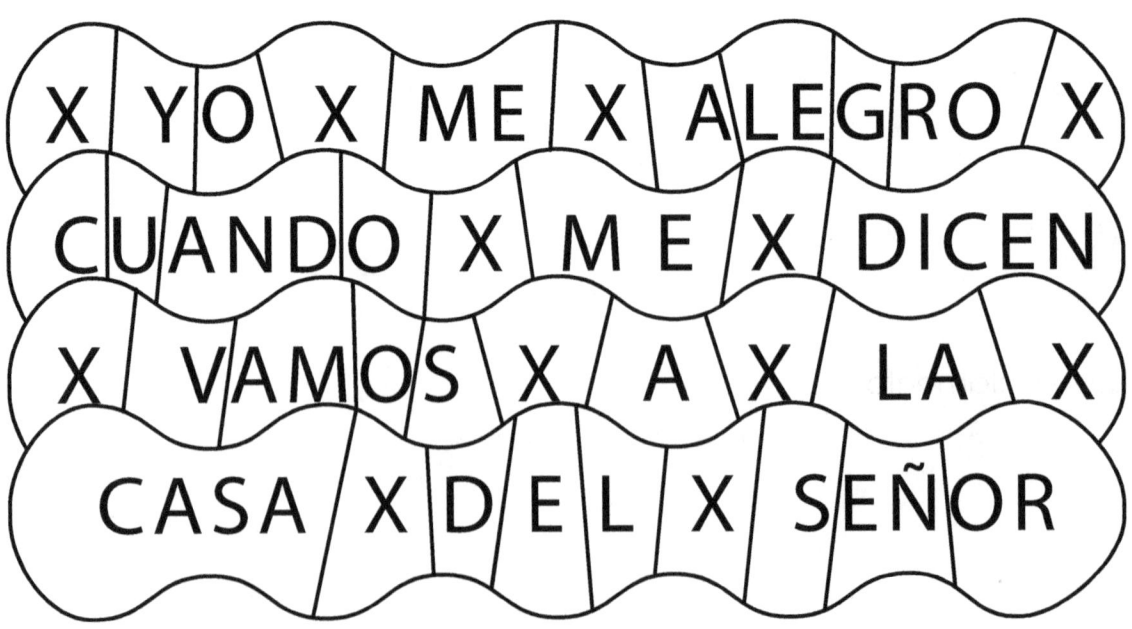

Busca Génesis 1:1. Léelo en voz alta junto a tu grupo Buscador. Mira las pelotas de abajo. Cada pelota tiene palabras en ella. Dibuja una línea de pelota a pelota para mostrar las palabras de Génesis 1:1. Luego, lee el versículo en voz alta.

Practica decir las palabras del Salmo 119:105 con tu grupo Buscador.

¿VERDADERO O FALSO?

Pon una sonrisa en las caras junto a las declaraciones verdaderas y una sonrisa triste en los rostros junto a las declaraciones falsas.

1. Puedo poner mis pies sobre mi Biblia.
2. Puedo buscar versículos en mi Biblia.
3. Puedo colorear mi Biblia.
4. Puedo aprender acerca de Dios de la Biblia.
5. Puedo arrancar páginas de mi Biblia.
6. Mi Biblia es un libro especial.

BONIFICACIÓN: Haz un libro de historias bíblicas para niños más pequeños. Trabaja en equipo para ilustrar y escribir el texto de forma simple para diferentes historias bíblicas. Reúne las historias y ponlas dentro de una portada. Trabajen juntos en el diseño. Dona el libro terminado a una clase de preescolar de Escuela Dominical en tu iglesia.

Botánica

"Entonces dijo Dios: Produzca la tierra hierba verde, plantas con semilla y árboles en la tierra que den fruto con semilla, todos según su especie. Y fue así."

(Génesis 1:11)

Dios creó los árboles y las flores.

ÁRBOLES

Los árboles son hermosos y dan sombra. Los árboles se usan para hacer muchas cosas, tales como papel, muebles y casas. Los árboles tienen diferentes tipos de hojas. Las hojas son verdes en verano, y algunas se vuelven de diferentes colores en el otoño. Los Árboles de hoja perenne, como los pinos, son de color verde todo el tiempo. Colorea estas hojas.

Roble Blanco

Arce Azucarero

Pino

EDAD DE UN ÁRBOL

Cada anillo tiene un año.
¿Cuántos anillos tiene este árbol?

_____

LOS ÁRBOLES NOS AYUDAN

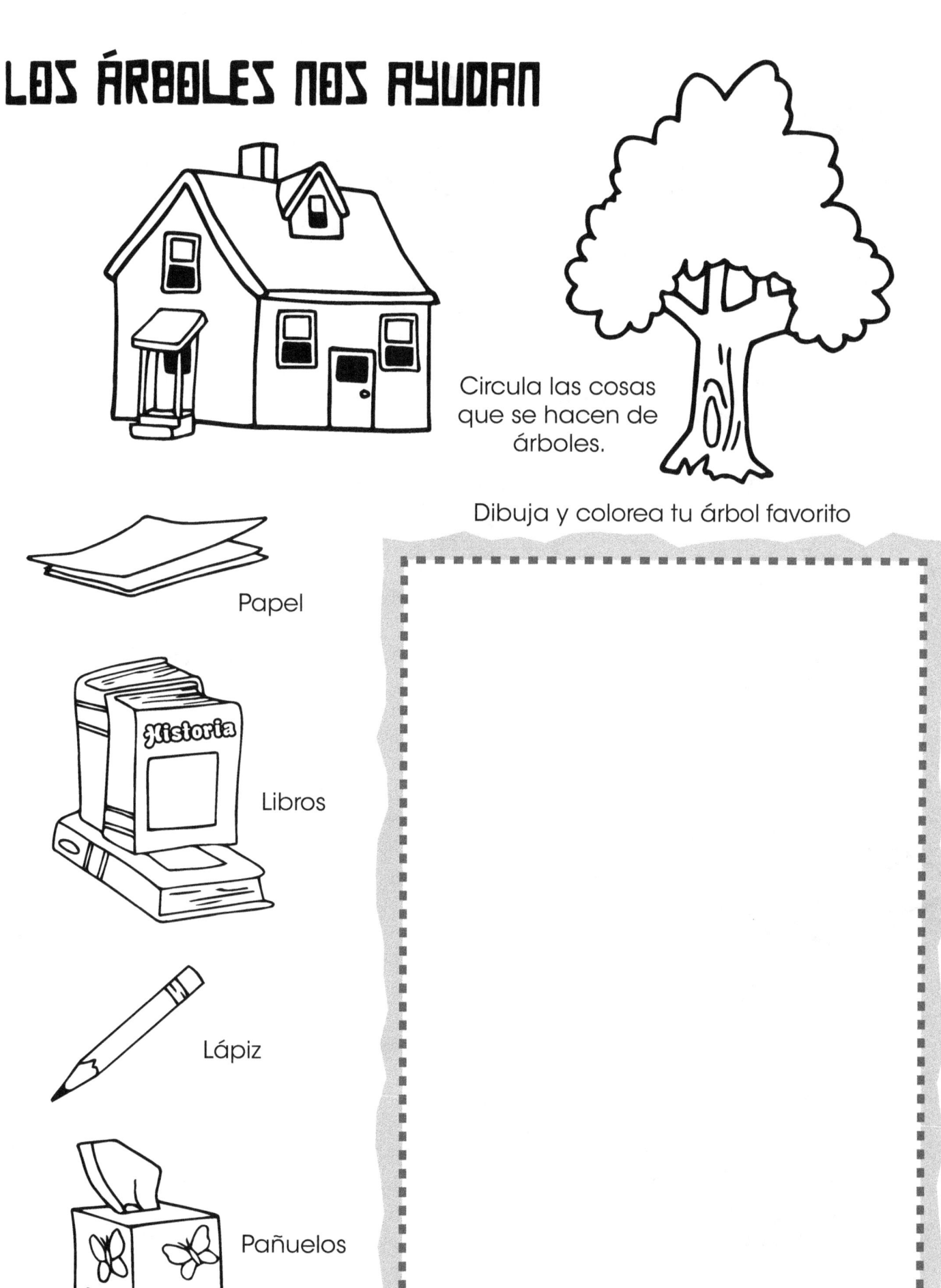

Circula las cosas que se hacen de árboles.

Papel

Libros

Lápiz

Pañuelos

Dibuja y colorea tu árbol favorito

FLORES

Algunas flores crecen de las semillas.

Algunas flores crecen de los bulbos.

TIPOS DE FLORES

Algunas flores son pequeñas.

Algunas flores son grandes.

Algunas flores son muy grandes.

Las abejas son una parte importante en el Plan de Dios, para hacer crecer las flores.

Dibuja y colorea tu flor favorita o dibuja una flor imaginaria, y dale un nombre original.

PARTES DE UNA FLOR

Colorea la flor

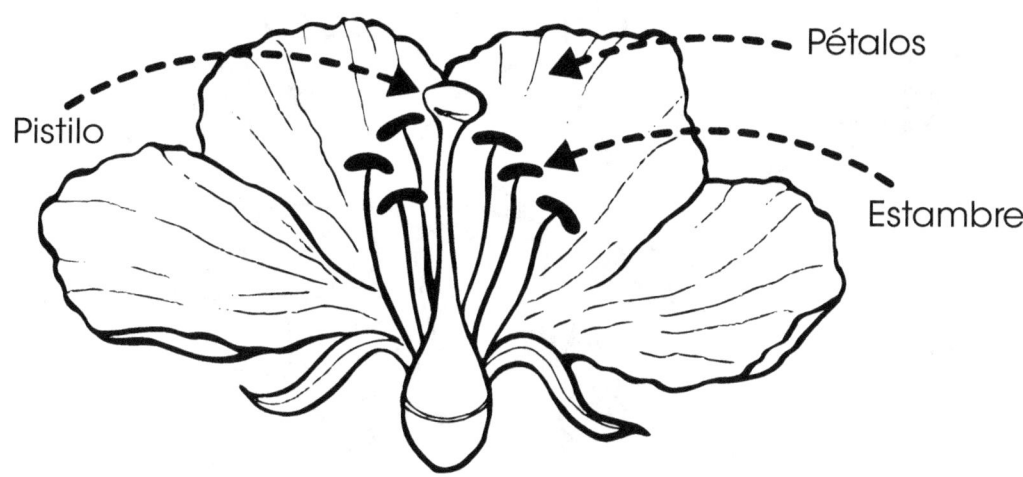

Planta un flor con tu grupo Buscador.

Pon grava en el fondo de una maceta.

Añade tierra.

Añade la Planta.

Añade más tierra.

Riega la planta.

Lleva la flor a tu casa. Ponla al sol y dale agua y obsérvala crecer.

BONIFICACIÓN:
Ve a dar un paseo, y recoge hojas y flores. De vuelta en el salón de clases, haz un cuadro o un libro identificando las cosas que tu grupo recolectó.

Dios hizo las flores y vegetales para disfrutar. Colorea esta página.

Aves

"Dios creó... toda ave alada según su especie"
(Génesis 1:21).

Dios creó muchos tipos de aves.

TIPOS DE AVES

Colorea estos 4 tipos de aves.

Petirrojo

Azulejo

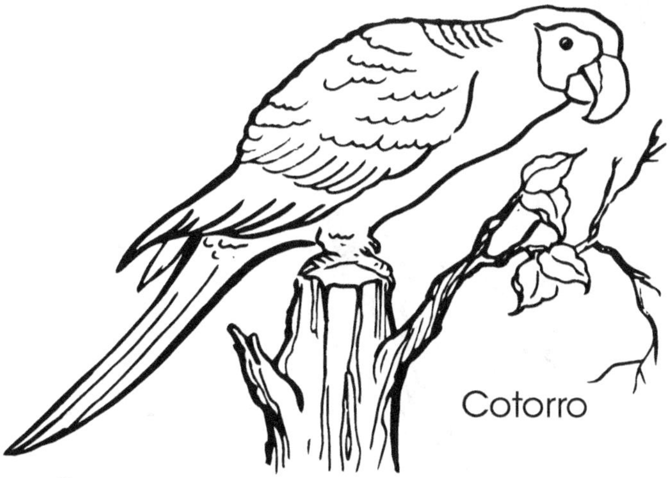

Cotorro

Cardenal

NIDOS DE AVES

Este nido es construido en una rama de árbol. Está hecho de barro y ramitas. La madre ave da vueltas y vueltas en el nido. Esto hace que sea suave. El interior del nido está forrado con hierba.

Este es un nido cesta. Se construye en las altas ramas de un árbol. Está hecho con plantas, cuerdas, trapos y papel.

El pájaro carpintero construye su nido en un árbol. Las Golondrinas usan barro para construir sus nidos en las paredes de edificios agrícolas. Algunas aves construyen sus nidos en el suelo.

Las aves construyen sus nidos con

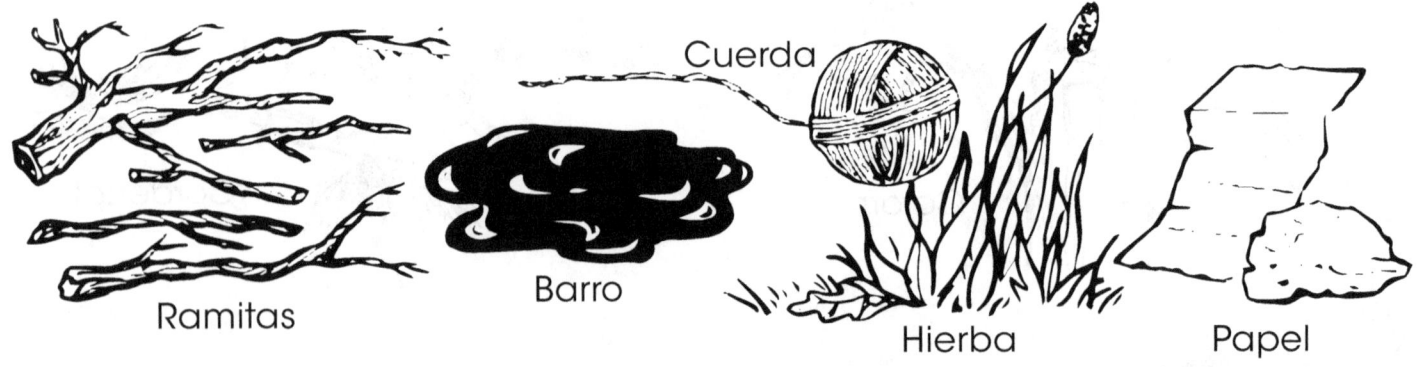

Ramitas   Barro   Cuerda   Hierba   Papel

Reúne algunos de estos suministros, y trata de hacer un nido.

AVES BEBÉ

Este es un huevo de petirrojo. Coloréalo de azul.

Este es un huevo de cardenal. Colorea las manchas de marrón y azul.

Las aves bebés crecen en el interior del huevo. Jamás toques un huevo de ave de un nido.

El ave bebé se hace más grande y más grande. Un día el huevo se rompe.

El ave bebé sale del huevo. Colorea el ave de marrón.

Los pájaros bebés no pueden alimentarse por sí mismos. La madre y el padre aves, cuidan de ellos. Le traen la comida a los pichones. Dibuja un gusano en la boca de la madre.

Cuando el ave crece, aprende a volar. Aprende a cuidar de sí misma.

Nunca toques un ave bebé.

ALIMENTO DE LAS AVES

Lombrices de tierra
Orugas
Hormigas

Arañas

Semillas

Migas de Pan

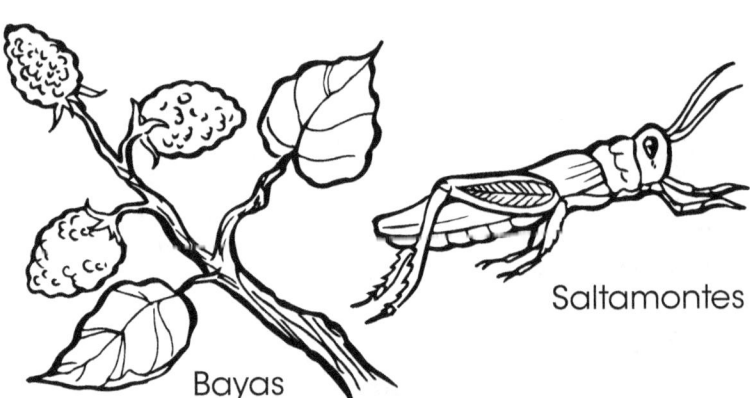
Bayas
Saltamontes

Haz un comedero para pájaros. Necesitarás una piña, crema de cacahuate, alpiste, y cadena. Esparce la mantequilla de maní en el cono de pino, y luego enrolla el cono de pino en el alpiste. Ata un trozo de cuerda alrededor del cono de pino, luego átala a una rama de árbol.

BONIFICACIÓN:
Aprende sobre las aves en tu región.
Los recursos pueden incluir libros, enciclopedias y sitios web.
Haz un libro de aves para el aula.

Reciclaje

"El Señor Dios tomó al hombre y lo puso en el huerto de Edén, para que lo labrara y cuidara de él" (Génesis 2:15).

Dios creó el mundo con sus recursos. Debemos utilizar los recursos de Dios con sabiduría.

Algunas cosas se pueden reciclar. Esto significa que pueden ser utilizados nuevamente en otras formas. Este símbolo, en un producto, significa que puede ser reciclado:

Habla con tu maestro acerca de cosas que se pueden reciclar en tu área. Dibuja tres cosas que puedes reciclar.

¡RECÍCLALO!

Dibuja las líneas para poner cada elemento de la izquierda en el contenedor de reciclaje adecuado.

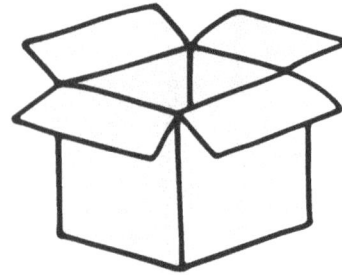

¿DESPERDICIAR O AHORRAR?

Las imágenes de la izquierda muestran dibujos derrochando. En las imágenes de la derecha, has dibujos para mostrar el ahorro en lugar del desperdicio.

SOPA DE LETRAS DE VERSÍCULOS BÍBLICOS

Dios El Señor tomó al hombre y lo puso en el jardín del Edén para que lo cultivara y lo cuidara" (Génesis 2:15).

CUIDAR

CULTIVAR

SEÑOR

HOMBRE

DIOS

EDÉN

JARDÍN

```
C U I D A R
S D G Y C J
D K X M U A
I W S B L R
O Q E T T D
S F Ñ O I I
J L O S V N
X Ñ R O A P
U S N H R M
H O M B R E
E I E D E N
```

BONIFICACIÓN:
Organiza una campaña de reciclaje en toda la iglesia. Diseña el anuncio y participa en la recolección y clasificación de los materiales donados.

el ABC de la SALVACIÓN

Admite que has pecado (hecho mal, desobedecido a Dios)

Dile a Dios lo que has hecho, arrepiéntete de ello y debes estar dispuesto a dejarlo.

Romanos 3:23 - "Por cuanto todos pecaron y están destituídos de la Gloria de Dios"

1 Juan 1:9 - "Si confesamos nuestros pecados, Él es fiel y justo para perdonarnos, y limpiarnos de toda maldad."

Busca de Dios, proclama a Jesús como tu Salvador.

Dí lo que Dios ha hecho por tí. Ama a Dios y sigue a Jesús.

Juan 1:12 - "A todos los que le recibieron, a los que creen en su nombre, les dio potestad de ser hechos hijos de Dios."

Romanos 10:13 - "Todo aquel que invocare el nombre del Señor, ese será salvo."

Cree que Dios te ama y envió a su Hijo, Jesús, para salvarte de tus pecados

Pide y recibe el perdón que Dios te está ofreciendo.

Ama a Dios y sigue a Jesús.

Juan 3:16 - "Dios amó tanto al mundo que dio a su Hijo Unigénito, para que todo aquel que en Él crea, no se pierda, más tenga vida eterna."

www.ingramcontent.com/pod-product-compliance
Lightning Source LLC
Chambersburg PA
CBHW081018040426
42444CB00014B/3260